ANDRZEJ MOSZCZYŃSKI jest autorem 23 książek, 34 wykładów oraz 3 kursów. Pasjonuje go zdobywanie wiedzy z obszaru psychologii osobowości i psychologii pozytywnej.

Ponad 700 razy wystąpił jako prelegent podczas seminariów, konferencji czy kongresów mających charakter społeczny i charytatywny.

Regularnie się dokształca i korzysta ze szkoleń takich organizacji edukacyjnych jak: Harvard Business Review, Ernst & Young, Gallup Institute, PwC.

Jego zainteresowania obejmują następujące tematy: potencjał człowieka, poczucie własnej wartości, szczęście, kluczowe cechy osobowości, w tym między innymi odwaga, wytrwałość, wnikliwość, entuzjazm, wiara w siebie, realizm. Obszar jego zainteresowań stanowią również umiejętności wspierające bycie zadowolonym człowiekiem, między innymi: uczenie się, wyznaczanie celów, planowanie, asertywność, podejmowanie decyzji, inicjatywa, priorytety. Zajmuje się też czynnikami wpływającymi na dobre relacje między ludźmi (należą do nich np. miłość, motywacja, pozytywna postawa, wewnętrzny spokój, zaufanie, mądrość).

Od ponad 30 lat jest przedsiębiorcą. W latach dziewięćdziesiątych był przez dziesięć lat prezesem spółki działającej w branży reklamowej i obejmującej zasięgiem cały kraj. Od 2005 r. do 2015 r. był prezesem spółki inwestycyjnej, która komercjalizowała biurowce, hotele, osiedla mieszkaniowe, galerie handlowe.

W latach 2009-2018 był akcjonariuszem strategicznym oraz przewodniczącym rady nadzorczej fabryki urządzeń okrętowych Expom SA. W 2014 r. utworzył w USA spółkę wydawniczą. Od 2019 r. skupia się przede wszystkim na jej rozwoju.

Inaczej o dobrym i mądrym życiu to książka o umiejętności stosowania strategii osiągania wartościowych celów. Autor opisuje 22 aspekty, które prowadzą do bycia mądrym. W jakim znaczeniu mądrym?

Mądry człowiek jest skupiony na działaniu ukierunkowanym na podnoszenie jakości życia, zarówno swojego, jak i innych. O tym jest ta książka: o byciu szczęśliwym, o poznaniu siebie, by zajmować się tym, w czym mamy największy potencjał, o rozwinięciu poczucia własnej wartości, które jest podstawowym czynnikiem utrzymywania dobrych relacji z samym sobą i innymi ludźmi, o byciu odważnym, wytrwałym, wnikliwym, entuzjastycznym, posiadającym optymalną wiarę w siebie, a także o byciu realistą.

Mądrość to umiejętność czynienia tego, co szlachetne. Z takiego podejścia rodzą się następujące czyny: nie osądzamy, jesteśmy tolerancyjni, życzliwi, pokorni, skromni, umiejący przebaczać. Mądry człowiek to osoba asertywna, wyznaczająca sobie pozytywne cele, ustalająca priorytety, planująca swoje działania, podejmująca decyzje i przyjmująca za nie odpowiedzialność. Mądrość to też zaufanie do siebie i innych, bycie zmotywowanym i posiadającym jasne wartości nadrzędne (do których najczęściej należą: miłość, szczęście, dobro, prawda, wolność).

Autor książki opisuje proces budowania mentalności bycia mądrym. Wszechobecna indoktrynacja jest przeszkodą na tej drodze. Jeśli jakaś grupa nie uczy tolerancji, przekazuje fałszywy obraz bycia zadowolonym człowiekiem, to czy można mówić o uczeniu się mądrości? Zdaniem autora potrzebujemy mądrości niemal jak powietrza czy czystej wody. W tej książce będziesz wielokrotnie zachęcany do bycia mądrym, co w rezultacie prowadzi też do bycia szczęśliwym i spełnionym.

Szczegóły dostępne na stronie:
www.andrewmoszczynski.com

Andrzej Moszczyński

Inaczej
o inicjatywie

2021

© Andrzej Moszczyński, 2021

Korekta oraz skład i łamanie:
Wydawnictwo Online
www.wydawnictwo-online.pl

Projekt okładki:
Mateusz Rossowiecki

Wydanie I

ISBN 978-83-65873-12-5

Wydawca:

ANDREW MOSZCZYNSKI
I N S T I T U T E

Andrew Moszczynski Institute LLC
1521 Concord Pike STE 303
Wilmington, DE 19803, USA
www.andrewmoszczynski.com

Licencja na Polskę:
Andrew Moszczynski Group sp. z o.o.
ul. Grunwaldzka 472
80-309 Gdańsk
www.andrewmoszczynskigroup.com

Licencję wyłączną na Polskę ma Andrew Moszczynski Group sp. z o.o. Objęta jest nią cała działalność wydawnicza i szkoleniowa Andrew Moszczynski Institute. Bez pisemnego zezwolenia Andrew Moszczynski Group sp. z o.o. zabrania się kopiowania i rozpowszechniania w jakiejkolwiek formie tekstów, elementów graficznych, materiałów szkoleniowych oraz autorskich pomysłów sygnowanych znakiem firmowym Andrew Moszczynski Group.

*Ukochanej Żonie
Marioli*

SPIS TREŚCI

Wstęp	9
Rozdział 1. Czym jest inicjatywa?	11
Rozdział 2. Ludzie z inicjatywą	17
Rozdział 3. Gdy brakuje inicjatywy	23
Rozdział 4. Wzbudzanie inicjatywy	29
A. Podział ludzi ze względu na skłonność do podejmowania inicjatywy	30
B. Praca nad sobą – w pięciu punktach	34
Rozdział 5. Podsumowanie	45
Co możesz zapamiętać?	49
Bibliografia	51
O autorze	67
Opinie o książce	73
Dodatek. Cytaty, które pomagały autorowi napisać tę książkę	77

Wstęp

Każdy z nas znajdzie w swoim otoczeniu ludzi, którym nie spełniły się marzenia: nie zostali muzykami, mimo że mieli talent, nie zobaczyli piramid, nie założyli firmy, nie wyjechali w Bieszczady, nie wybudowali domu, choć myśl o tym towarzyszyła im przez całe życie. Gdyby tylko zrobili pierwszy krok w kierunku realizacji swego marzenia!... Gdyby wykazali się INICJATYWĄ!... Gdyby…

Wykazując inicjatywę w jakiejś sprawie, dowodzisz, że Ci na tej sprawie zależy. Przejmując inicjatywę, bierzesz sprawy w swoje ręce i sprawiasz, że zaczynają się one toczyć tak, jak Ty byś sobie tego życzył. Co z tego wynika? Otóż dzięki inicjatywie kierujesz swoim życiem, dajesz sobie szansę na spełnienie marzeń. Jeśli nie podejmiesz inicjatywy, automatycznie pozbawisz się takiej szansy. Dlatego chęć i umiejętność wykazania się inicjatywą są nie tylko uzupełnieniem osobowości – nie tylko bonusem, jak niektórzy mogliby sądzić – ale niezbędnym jej składnikiem, dzięki któremu możemy uruchomić „proces realizacji marzeń".

Rozdział 1

Czym jest inicjatywa?

Pewien człowiek żył w biedzie. Mało zarabiał, z kilkorgiem dzieci mieszkał w ciasnym, niszczejącym domu bez żadnych wygód. Marzył o tym, żeby w jakiś sposób zdobyć pieniądze. Dzięki nim mógłby wyremontować dom, wykształcić i wyposażyć dzieci, a sobie i żonie zapewnić wygodną przyszłość. Był przekonany, że może się tak stać tylko dzięki wygranej na loterii, więc modlił się o to codziennie. Prośby słane do nieba nie przynosiły rezultatu. Mijał dzień za dniem, tydzień za tygodniem, modlitwy były coraz żarliwsze… i nic. Wreszcie któregoś dnia z nieba rozległ się głos zniecierpliwionego Boga: „Człowieku, daj mi szansę! Kup los!".

Ten znany dowcip wydaje się nam zabawny, ale jeśli dłużej się nad nim zastanowimy, to dojdziemy do wniosku, że niezwykle często „nie kupujemy losu", czyli nie robimy nic, by zrealizować swoje plany. Potem mamy pretensje do Boga czy innej siły wyższej, do otaczających nas ludzi lub po prostu do „niesprzyjających okoliczności".

Ktoś z moich znajomych opowiedział mi historię o mężczyźnie, który przez dwadzieścia lat za każdym razem, gdy słyszał opowieść o czyichś podróżach, mówił: „Ja też bym tak chciał. Pasjonują mnie obce kraje. Chciałbym oglądać inne krajobrazy, poznawać inną kulturę, inaczej myślących i żyjących ludzi. Gdybym mógł, to jeszcze dziś zapakowałbym się do samolotu i poleciał na drugi koniec świata".

Wreszcie ktoś go zapytał: „Dlaczego tego nie zrobisz?" Odpowiedział: „Nie mam na to pieniędzy. Nie znam języka. Nie mam paszportu. Nie mam z kim pojechać". Przez dwa dziesięciolecia nie podjął żadnej próby, żeby zdobyć pieniądze na wyjazd, nauczyć się języka, wyrobić sobie paszport i poszukać towarzyszy podróży.

Czego mu zabrakło? Przecież miał marzenie,

które nosił w sobie kilkadziesiąt lat! Mało tego, doskonale wiedział, co trzeba zrobić. Niestety, nic z tego nie wyszło, ponieważ… zabrakło mu INICJATYWY.

Według definicji Władysława Kopalińskiego inicjatywa to pomysł do realizacji, wystąpienie z propozycją, ale też impuls do działania, pomysłowość, przedsiębiorczość, projekt. Według *Słownika języka polskiego* PWN inicjatywa to propozycja realizacji jakiegoś pomysłu, a często też pierwsze działania mające na celu jego realizację. Inicjatywa to chęć zrobienia czegoś. Zgodnie ze *Słownikiem frazeologicznym języka polskiego* Stanisława Skorupki pojęcie inicjatywy może łączyć się z określeniami: śmiała i twórcza. Można coś zrobić z czyjejś inicjatywy, mieć lub wykazywać inicjatywę, wystąpić z inicjatywą. Zwróć uwagę na słowa, jakich użyto w tych definicjach: śmiała i twórcza; pomysł, pomysłowość, przedsiębiorczość, impuls do działania.

Młodzi ludzie, pytani o skojarzenia z analizowanym słowem, wskazali, że o inicjatywie możemy mówić, jeśli jest podjęta dobrowolnie, powinna mieć jakiś cel, a inicjator musi sam mocno wierzyć w jej użyteczność i musi być gotowy do włączenia się w jej realizację, najlepiej jeśli tej realizacji będzie przewodził.

Jak widać, pojęciu INICJATYWA towarzyszą wyłącznie pozytywne określenia. I rzeczywiście, używamy go niemal wyłącznie w pozytywnym kontekście. Wyobraźmy sobie takie zdanie: „Trzej mężczyźni z własnej inicjatywy okradli bank". Nie pasuje. Chyba że wyraz „inicjatywa" został użyty w sensie ironicznym.

Czym zatem jest inicjatywa? Oto pełna definicja tego pojęcia sformułowana na podstawie tego, co do tej pory przedstawiłem:

INICJATYWA to pomysł wraz z chęcią jego zrealizowania tak dużą, że przeistacza się w działanie. Inicjatywa ma wiele cech, które towarzyszą jej nieodłącznie – najważniejsze z nich to: śmiałość i kreatywność, celowość i dobrowolność.

Jako przykład przywołam przypowieść Spencera Johnsona, której bohaterami jest para ludzi,

Zastałek i Bojałek, oraz para myszy, Nos i Pędziwiatr. W którymś momencie okazuje się, że kończy im się zasób sera (ser jest tu symbolem dobrostanu, czegoś, co wydaje się stałe i niezmienne). Gdy Nos i Pędziwiatr orientują się, że w miejscu, z którego czerpali ser, teraz go nie ma, wyruszają w drogę, żeby znaleźć nowy, natomiast Zastałek i Bojałek (zwrócimy uwagę na nieprzypadkowe nazwiska) szukają winnych i narzekają. To oczywiście nie zmienia ich sytuacji, nie posuwa ich ani o krok do przodu. Zmiana w ich życiu może nastąpić jedynie wtedy, gdy zaczną postępować inaczej, czyli WYKAŻĄ INICJATYWĘ. To jedyna droga, żeby znaleźć „nowy ser"!

Rozdział 2

Ludzie z inicjatywą

Inicjatywą warto wykazać się nie tylko w sytuacjach krańcowych – gdy tracimy pracę, szansę na awans lub gdy następuje rozpad rodziny. Dobrze by było, aby towarzyszyła nam ona każdego dnia, aby udało się ją uruchomić i stale podsycać. Dzięki temu prawdopodobnie nigdy nie dotkną nas duże problemy, a nawet jeśli tak, to poradzimy sobie z nimi znacznie szybciej i lepiej.

Pisał już o tym niemal sto lat temu Napoleon Hill. Żył w latach 1883-1970. Z zawodu był dziennikarzem i przez dwadzieścia lat przeprowadzał wywiady z wieloma ludźmi, którzy osiągnęli sukces w różnych dziedzinach. Byli to między innymi:
- wynalazcy – Thomas Alva Edison i Aleksander Graham Bell,

- przedsiębiorcy – Henry Ford i John D. Rockefeller,
- prezydenci Stanów Zjednoczonych – Woodrow Wilson i Franklin Delano Roosevelt.

Na podstawie tych rozmów opracował i napisał *Filozofię sukcesu*, dzięki czemu nazywa się go obecnie prekursorem literatury sukcesu. I choć był tylko teoretykiem, jego książki od lat cieszą się ogromnym powodzeniem na całym świecie.

Napoleon Hill jako jeden z pierwszych zwrócił uwagę na nadzwyczajną wagę inicjatywy. Uważał, że jest ona kluczem do sukcesu. A wiedział, co mówi, skoro miał okazję przyglądać się z bliska ludziom, którzy dzięki inicjatywie osiągnęli w życiu sukces. I o ile można dyskutować, czy pieniądze i sława to naprawdę wspaniałe nagrody (sam uważam, że największą nagrodą jest poczucie spełnienia w życiu), to niewątpliwie na początku drogi do sukcesu – jakkolwiek rozumianego – stoi INICJATYWA.

Przyjrzyjmy się dwóm postaciom z listy Napoleona Hilla.

Pierwszą jest Aleksander Graham Bell – wynalazca telefonu. Człowiek, który wymyślił i opatentował urządzenie do porozumiewania się na odległość, a następnie postanowił je upowszechnić. Działalność rozwinął tak szeroko, że jeszcze stosunkowo niedawno AT&T, wywodząca się bezpośrednio z Bell Telephone Company, była największą firmą telekomunikacyjną na świecie! Bell osiągnął sukces i zdobył pieniądze. Czy zatrzymał się na tym? Nie! Założył także sieć laboratoriów badawczych, gdzie pracowano nad nowymi wynalazkami. Wniósł również swój wkład w rozwój lotnictwa, którego był gorącym entuzjastą. Co było początkiem tak wszechstronnej aktywności? Inicjatywa! Rozumiana jako pomysł i działanie polegające na robieniu więcej niż koniecznie trzeba.

Kolejna postać to John D. Rockefeller. Nazwisko także znane nam wszystkim, symbol sukcesu finansowego polegającego na zdobyciu fortuny praktycznie od zera. Rockefeller miał pomysł i wystarczająco dużo determinacji, by zostać współzałożycielem spółki naftowej. Nie zatrzymał się na etapie „bycia wspólnikiem" (co jest może i miłe, ale jeszcze sukcesu nie gwarantuje). Za pomysłem na działalność szła inicjatywa. Rockefeller ciężko pracował razem z kierownikami niższego szczebla i robotnikami. Uczestniczył w każdym etapie produkcji nafty. Opracował wiele rozwiązań doskonalących organizację i proces pracy. Konsekwentnie wprowadzał je w życie. Jemu także, podobnie jak Bellowi, inicjatywa (przypomnijmy – pomysł i działanie) zapewniła pieniądze i sławę.

Tu trzeba jeszcze raz podkreślić: sława i pieniądze to tylko wartość dodatkowa, którą przynosi inicjatywa. To nie o sławę i pieniądze głównie chodzi, dlatego zarówno Bell, jak i Rockefeller zajmowali się także działalnością niekomercyjną. Bell utworzył wspomnianą już sieć laboratoriów badawczych, natomiast Rockefeller został założycielem największej fundacji filantropijnej na świecie.

Bardzo często sława i pieniądze w ogóle nie są motorem pojawiającej się inicjatywy. Przecież Jerzy Owsiak czy Anna Dymna nie działają dla pieniędzy czy sławy. Anna Dymna była rozpoznawalna już wcześniej. Jerzy Owsiak, dziennikarz i organizator imprez rockowych, nawet nie myślał, że kiedyś będzie znany z akcji wykraczającej poza granice kraju. Każda z tych osób zauważyła potrzebę społeczną i postanowiła na nią odpowiedzieć. Jerzy Owsiak mógł pozostać przy działalności dziennikarskiej i impresaryjnej, a Anna Dymna mogła realizować się w teatrze. Wystarczyłoby tego i na sławę, i na pieniądze. Zaczęli jednak robić więcej, niż od nich wymagano. Mają satysfakcję i poczucie spełnienia! Inicjatywa przyniosła sukces!

Rozdział 3

Gdy brakuje inicjatywy

Skoro inicjatywa jest czymś tak ważnym i wartościowym w życiu każdego z nas, to dlaczego tak o nią trudno? Gdy zacząłem się zastanawiać nad znaczeniem i wagą inicjatywy, przypomniałem sobie znajomego, który nie zrealizował marzenia o dalekiej podróży, i postanowiłem dowiedzieć się od innych ludzi narzekających na swój los, dlaczego:
- nie zmienią pracy, skoro źle się czują w dotychczasowej,
- nie poprawią wyglądu swego osiedla, jeśli uważają, że jest zaniedbane,
- nie zajmą się fotografią, muzyką lub malarstwem, skoro zawsze chcieli to robić,

czyli dlaczego nic nie robią, by zmienić sytuację, która im nie odpowiada.

Niemal wszyscy zaczynali jak mój znajomy: „Chciałbym, lecz...", „Łatwo ci mówić, ale...", po czym następowała wyliczanka powodów. Domyślasz się zapewne, jakie to są powody. Przede wszystkim takie, z którymi trudno dyskutować. Na przykład wiek: „Jestem za stary (za stara)...", „Teraz już nie warto...", „W moim wieku?...". Kolejnym jest sytuacja rodzinna: „Mam małe dzieci...", „Mam dorastające dzieci...", „Muszę się opiekować rodzicami...", a także niedomagania organizmu: choroba i kalectwo.

Na pierwszy rzut oka wymieniane przez nich powody wydają się racjonalne i niezależne od nich. Tak jednak nie jest.

Wielki wynalazca Thomas A. Edison w wieku 15 lat w wyniku wypadku kolejowego prawie zupełnie stracił słuch. To jednak nie przeszkodziło mu w działaniu. Potrafił nawet dostrzec plusy tej niedoskonałości. Twierdził, że to, iż nie słyszy, pomaga mu w koncentracji.

Jakiś czas temu głośno było o tym, że sparaliżowany Janusz Świtaj prosi o eutanazję.

Czuł się nie człowiekiem, ale jedynie żyjącym organizmem, ciężarem dla rodziców, którzy już przestawali sobie radzić z opieką nad dużym, bezwładnym mężczyzną. Jego własne życie polegało na przeczekiwaniu kolejnych dni bez nadziei na jakąkolwiek poprawę. Teraz jest pracownikiem fundacji Anny Dymnej Mimo wszystko, porusza się na zaprojektowanym dla niego wózku, posługuje się komputerem.

Przykłady można by mnożyć: Katarzyna Rosicka-Jaczyńska, którą choroba pozbawiła siły mięśni – nie chodzi, nie rusza rękami, nie mówi – napisała książkę i organizuje już drugi wyjazd do Indii, bo wierzy, że to jej pomoże. Albo Piotr Kalinowski z Bredynek na Mazurach – w wyniku wypadku stracił wzrok, a mimo to dalej kieruje gospodarstwem.

Okazuje się więc, że wiek, choroba, kalectwo – mimo że wydają się aż nadto wystarczającym usprawiedliwieniem dla braku inicjatywy – są jedynie pretekstami.

Kolejną grupę powodów-pretekstów podpowiada środowisko. Już od dzieciństwa słyszymy: „Po co ci to...", „Nikt tak nie robi...", „Co ludzie powiedzą...".

Tak bardzo nam się te słowa zakorzeniają w głowie, że w obawie przed niezadowoleniem otoczenia albo ośmieszeniem się rezygnujemy z prób realizacji pomysłów.

Niekiedy przyczyny niepodejmowania działań znajdują się w psychice. Wielu z nas ma tendencje do zniechęcania się: „To mi się nie uda..." „Nie z moim charakterem...", „Jestem na to za..." (i tu następuje wymienienie jednej lub wielu negatywnych cech: za głupi, za łatwowierny, za nerwowy...).

Czasami mówimy i myślimy, że zrealizujemy zamierzenia, ale... kiedyś: „Kiedyś nauczę się języka...", „Kiedyś będę podróżować...", „Kiedyś zmienię pracę...", „Kiedyś zajmę się renowacją mebli". A tak naprawdę tym „kiedyś" przykrywamy „nigdy". Dzięki temu „kiedyś" możemy nie podjąć działania, ale mieć jego pozór. Chyba nie ma nikogo wśród nas, kto nie postanawiałby czegoś „od jutra", „od poniedziałku" albo „od Nowego Roku". Ileż to planów snujemy „od…". Wszyscy też znamy powiedzenie: „Co masz zrobić jutro, zrób pojutrze, a będziesz miał dwa dni wolnego", i wiemy, że nad łóżkiem palacza wisi napis: „Od jutra przestanę palić", który codziennie jest aktualny!

Bywa też, że hamuje nas wcześniejsza porażka, którą potraktowaliśmy jak prawdziwą klęskę, a nie jak pouczające doświadczenie.

Rozdział 4

Wzbudzanie inicjatywy

Co jest warunkiem skutecznego podjęcia inicjatywy? Oto kilka wskazówek:
- Wytycz jasny cel – musi być pożyteczny dla ciebie i innych.
- Przedyskutuj to, co wymyśliłeś, z przyjaciółmi oraz z tymi, których inicjatywa będzie dotyczyła – zbierz pomysły, wysłuchaj zdań krytycznych, ale jeśli jesteś przekonany o wartości inicjatywy, nie odstępuj od niej.
- Unikaj ludzi, którzy będą chcieli cię zniechęcić, nie zrażaj się atakami.
- Zawsze współpracuj – poszukaj ludzi pomocnych w realizacji inicjatywy.
- Przygotuj plan. Stwórz wiele celów pośrednich.
- Punkt po punkcie dbaj o jego realizację, stale motywując do dalszej aktywności osoby, któ-

re ci pomagają (nie zmuszaj, ale porywaj do działania).
- Możesz być pobłażliwy dla innych, lecz musisz być wymagający od siebie.
- Bądź wiarygodny. Postępuj zgodnie z głoszonymi zasadami.

Jak sprawić, żeby inicjatywa nie była jednorazowym aktem, lecz towarzyszyła nam nieustannie w życiu prywatnym i zawodowym?

A. Podział ludzi ze względu na skłonność do podejmowania inicjatywy

Wspominany już Napoleon Hill podzielił ludzi na kilka grup. Do pierwszej zaliczył tych, którzy nigdy nie zrobią tego, co trzeba, zawsze dbają głównie o to, „żeby ręce i nogi miały spokój".

Drugą grupę stanowią ci, którzy zabierają się za cokolwiek wyłącznie zmuszeni koniecznością, a trzecią – ludzie, którzy są bardzo dobrymi pracownikami, ale… działają wyłącznie na czyjeś polecenie. Jeśli jakaś czynność nie zostanie im nakazana, to nie wezmą się za nią, choćby konieczność jej wykonania była jak najbardziej oczywista. Te dwie postawy dość często da się zaobserwować u dorastającej młodzieży. Można to sprawdzić nawet na najmniej skomplikowanym poleceniu, na przykład: „Idź po masło do sklepu". Najpierw usłyszymy: „Zaraz", a gdy użyjemy przewidzianych zwyczajem domowym środków perswazji, zakup co prawda zostanie dokonany, ale masło będzie leżało na stole do wieczora. Na uwagę, że trzeba było włożyć je do lodówki, usłyszymy: „Nie mówiłeś!".

Od tych trzech grup wyraźnie odcina się czwarta – ludzie z inicjatywą, robiący to, co w danej sytuacji zrobić trzeba; nie czekają na polecenia, zauważają potrzebę i... działają. Jest to postawa najbardziej godna pochwały. Osoba, która tak postępuje, cieszy się szacunkiem i sympatią, a zazwyczaj otrzymuje też godziwe wynagrodzenie. Przypisuje się jej same pozytywne cechy.

Czas na przykład. Kiedyś mój znajomy opowiadał mi o remoncie łazienki znajdującej się na piętrze jego domu. Przyszedł fachowiec, pan Janusz. Obejrzał pomieszczenie i zapytał o pomysł na nowy wystrój. Usłyszał, że pani domu: chciałaby kafle w kolorze granatowym i żółtym; marzy o narożnej wannie, ale ze względu na wysunięcie muru, które pewnie być musi, bo było tam od zawsze, zamówiła wannę zupełnie zwyczajną, prostokątną; spłuczkę wolałaby obudować, ale to chyba niemożliwe, więc niech będzie zwykła. Fachowiec pomierzył, pomierzył, stuknął w ścianę w paru miejscach i stwierdził: wysunięcie w murze częściowo nie maskuje żadnych przewodów ani rur, więc można je skuć – wymarzona wanna się zmieści; wskazał producenta mniejszych krytych spłuczek; przekonał panią domu, żeby zrezygnowała z tak bardzo kontrastujących ze sobą kafli, bo szybko się opatrzą i trudno będzie dobrać dodatki. Czy za te rady spodziewał się dodatkowej zapłaty? Nie! Widać zależało mu nie tylko na tym, żeby zrobić i zarobić, lecz także na tym, żeby praca przyniosła jak najlepszy efekt. To jednak nie wszystko. Po oględzinach łazienki zeszli do kuchni, gdzie przy herbacie ustalali szczegóły usługi. Nagle wzrok fachowca padł na szeroką rurę, która przecinała górny róg pomieszczenia. Zdziwiony zapytał, co to jest. Uzyskał odpowiedź, że rura kanalizacyjna prowadząca z łazienki u góry do głównego pionu w spiżarni. Zadał kolejne pytanie: „Czy ona musi tu być?". Nikt się dotąd nad tym nie zastanawiał, bo podobnie jak murek w łazience, rura była tu od zawsze. Fachowiec jeszcze raz pobiegł do góry, potem zajrzał do spiżarni i powiedział: „Tę rurę można przesunąć – część umieścić w stropie, część schować w spiżarni i nie będzie szpeciła". Tak się też stało, a opowieść o tym, powtarzana przez właścicieli domu wszystkim znajomym, przysporzyła panu Januszowi następnych klientów i dała zarobek.

To jeszcze nie koniec historii. Rok później ten sam kolega remontował kuchnię. Bardzo mu zależało na schowaniu rurek biegnących do kaloryfera z dołu i z góry, w pionie i w poziomie. Chciał zaangażować specjalistę, zadzwonił więc po pewnego pana Grzesia, który reklamował się jako instalator c.o. Pan Grześ rzucił okiem, obejrzał rurki, postukał w ścianę i zawyrokował: „Tego się nie da zrobić!". Dla wszystkich jest chyba oczywiste, kogo jako następnego poproszono o pomoc w tej kwestii i kto powiedział: „Owszem, tak – zrobię to".

Co różniło pana Janusza od pana Grzesia i od wielu innych fachowców? Inicjatywa – pomysł oraz chęć wykonania swej pracy dobrze, a także wykraczanie poza obowiązki bez liczenia na dodatkową zapłatę.

B. Praca nad sobą – w pięciu punktach

Rafał Blechacz niewątpliwie urodził się już z uzdolnieniami muzycznymi, podobno ma słuch absolutny. Czy to zapewniło mu sukces? Czy wyłącznie dzięki talentowi wygrał konkurs Chopinowski? Na pewno nie tylko dzięki temu! On ćwiczył, ćwiczył i jeszcze raz ćwiczył!

Adam Małysz – czy osiągnięte przez niego wyniki sportowe były rezultatem tylko jego predyspozycji? Znów odpowiemy: na pewno nie! Ćwiczył, ćwiczył i jeszcze raz ćwiczył.

Stephen King, autor licznych powieści, wydał też książkę *Jak pisać. Pamiętnik rzemieślnika*, która jest prawdziwym kursem pisarstwa. I czego się z niej dowiadujemy? Jeśli ktoś chce zostać pisarzem, musi ćwiczyć, ćwiczyć i jeszcze raz ćwiczyć, czyli czytać i... pisać... codziennie... minimum 1000 słów!

Wiemy już zapewne, o co chodzi. Inicjatywę można po prostu wytrenować. Tu pojawia się pytanie: jak to zrobić? W podanych przykładach łatwo było wskazać przedmiot ćwiczeń: gra na fortepianie, skoki narciarskie, pisanie. Można sobie wyobrazić pianistę studiującego nuty, słuchającego muzyki, godzinami grającego na instrumencie... Można sobie wyobrazić skoczka narciarskiego kształtującego siłę i motorykę ciała oraz realizującego specjalnie dla niego przygotowany cykl treningowy... Można sobie wyobrazić pisarza, który dużo czyta, interesuje się ludźmi i światem, zgłębia tajniki języka i pisze, pisze, pisze...

Ale... jak ćwiczyć inicjatywę? Co konkretnie

ćwiczyć? Kiedy ćwiczyć? Sformułowanie „ćwiczenie inicjatywy" rzeczywiście może budzić niedowierzanie. A jednak to możliwe! Efekt będzie zauważalny pod warunkiem, że potraktujemy te ćwiczenia tak poważnie, jak w każdej innej dziedzinie, w której chcemy dojść do wprawy.

Proponuję pięciopunktowy trening inicjatywy. Pomysł oparty jest głównie na obserwacji tych, którzy inicjatywę mają w małym palcu – najczęściej są to właściciele firm. Oni to wszystko praktykują na bieżąco, chociaż zazwyczaj nieświadomie.

1. Ćwicz wyobraźnię.

Dorosły człowiek przestaje marzyć, a nawet jeśli od czasu do czasu puszcza wodze fantazji, nie przyznaje się do tego, jakby to było coś wstydliwego. Chłopcy zapominają, że kiedyś chcieli być wodzami, królami, lotnikami, marynarzami i znakomicie potrafili całymi godzinami wcielać się w wymyśloną postać. Dziewczynki wyobrażały sobie siebie jako księżniczki, modelki, podróżniczki, dziennikarki. Każda idealnie grała rolę żony i matki. Wszyscy byli w wymyślonej przez siebie skórze świetni.

I cóż potem się dzieje? Skończenie kolejnych szkół, zdobycie zawodu i podjęcie pracy u większości ludzi powoduje zanik marzeń, co skutkuje niemożnością oddania się wizjonerstwu.

Przestajemy widzieć i konkretyzować trochę odleglejsze cele działania, wykraczające poza codzienną rutynę.

Jak ćwiczyć wyobraźnię?

Przede wszystkim porzućmy skupianie się na przeciwnościach losu. W wyobraźni nie musimy stawiać sobie barier. Robimy to jednak na ochotnika. Pamiętasz wspomniane już „gdybania": „Gdybym był bogaty, zafundowałbym sobie prawdziwe wakacje…", „Gdybym skończył studia prawnicze, otworzyłbym własną kancelarię…", „Gdybym miał lepsze warunki w domu, a dzieci nie były wiecznie rozkrzyczane, napisałbym niezwykłą powieść…"? Tych myśli nic nie łączy z marzeniami, to są tylko USPRAWIEDLIWIENIA. To drobne słówko „gdyby" pozwala nam pozostać w bezczynności. Z „gdyby" nigdy nie rozwiniemy skrzydeł. Wykreślmy je ze swojego słownika.

Inna metoda: Każdego dnia przed snem lub w dowolnej chwili, gdy możemy oderwać się od codziennych zajęć, wyobraźmy sobie coś, dzięki czemu poczulibyśmy się szczęśliwi. Wyobraźmy sobie na przykład dom idealny, taki, jaki chcielibyśmy mieć, gdybyśmy nie byli ograniczeni niczym: ani miejscem, ani pieniędzmi, ani dotychczasowymi doświadczeniami. Wyobraźmy sobie pomieszczenie po pomieszczeniu: salon, sypialnię, kuchnię, miejsce do pracy, łazienkę. Zagospodarujmy teren dookoła. Bez pośpiechu. Nie musimy tego zrobić jednorazowo. Możemy wymyślić budynek bardzo realistyczny: nowoczesny dom inteligentny, szałas, lepiankę albo jeden z tych coraz modniejszych obecnie domków na drzewie.

Możemy zdecydować się na kształt, który przypomina raczej fantazje Lema niż rzeczywistość, na przykład przezroczystą szklaną kulę z możliwością kształtowania wnętrz w zależności od nastroju i aktualnego zajęcia. Nie bądźmy dla siebie cenzorem. Nie zastanawiajmy się, czy to w tej chwili możliwe, czy to w ogóle kiedykolwiek będzie możliwe. To nie jest istotne, choć każde z takich marzeń może przerodzić się w wizję, a wizja to wstępny etap inicjatywy.

Takie ćwiczenie możemy przeprowadzić na dowolnie wybrany temat, wyobrazić sobie ze szczegółami to, na czym nam aktualnie bardzo zależy, o czym marzymy. Mogą to być: weekend, zawód, który chciałbyś wykonywać, hobby, podróż życia, miejsce pracy, Twoja firma za 5, 10 lub 20 lat, urlop. Może to być zresztą cokolwiek innego, byle spełnione były te dwa, wyżej opisane, warunki: wypełniamy marzenie treścią jak najdokładniej i nie oceniamy go pod względem możliwości realizacyjnych. Z każdym powtórzeniem to ćwiczenie będzie nam sprawiać większą przyjemność. Przebywanie w świecie idealnym musi cieszyć.

2. Jeśli i tak musisz coś zrobić, nie czekaj na polecenie.

Dotyczy to wszystkich sfer życia: pracy, domu i życia osobistego. Ileż to razy wiemy, że jakaś praca na nas spadnie, ale... czekamy nie wiadomo na co. Choć właściwie wiadomo: „Jak mi ktoś powie, że mam zrobić, to zrobię, a jak nie, to nie". Czy warto? W oczekiwaniu na polecenie, które i tak nadejdzie, trudno zająć się czymś innym. Z reguły tkwimy w marazmie i co najwyżej zastanawiamy się: „Zauważą i powiedzą, że mam to zrobić, czy nie zauważą". Jedno i drugie nie jest twórcze. Trudno się dziwić przełożonym i domownikom, jeśli źle przyjmują taką postawę i traktują osoby, które w ten sposób postępują, jako – delikatnie mówiąc – bezmyślne. Nie zależy nam chyba na takiej opinii ani w domu, ani w firmie.

3. Codziennie wykonaj jedną rzecz, której nikt od ciebie nie oczekuje, mimo że nie spodziewasz się za to żadnych gratyfikacji.

Przypomnijmy sobie przedstawianą we wcześniejszej części klasyfikację Napoleona Hilla (ludzie, którzy nigdy nie wykonują niczego – jak już pisałem, tą grupą nie będziemy się zajmować; ludzie, którzy wykonują tylko to, co konieczne; ludzie, którzy zrobią coś więcej pod warunkiem, że otrzymają takie polecenie; ludzie z inicjatywą, którzy widzą, co trzeba zrobić i to robią). Jeśli jesteś w grupie czwartej, to ten punkt już realizujesz i tak naprawdę ćwiczenia nie są ci potrzebne. Jeśli znajdujesz się w grupie drugiej lub trzeciej, od bycia człowiekiem z inicjatywą dzieli cię zaledwie jeden krok.

Rozejrzyj się w pracy. Może na przykład już dawno dostrzegłeś, że obieg dokumentów nie jest najlepszy. Może znalazłeś rozwiązanie, tylko nie przyszło ci do głowy, żeby je zastosować. Dziwisz się najwyżej, że nikt jeszcze nie wprowadził takiej prostej zmiany. Nie chowaj się za stwierdzeniem: „Nie będę się tym zajmować, bo mi za to nie płacą". Zrób to, przecież wszystkim dzięki temu będzie wygodniej.

4. Codziennie przynajmniej jednej osobie opowiedz o swoim marzeniu lub pomyśle.

Może to być domownik, kolega z pracy, przyjaciel lub ktokolwiek inny. Nie musisz trzymać się jednej i tej samej osoby. Zacznij od drobnej wzmianki. Z czasem rozwijaj temat. Zarażaj pomysłem, pokazuj jego dobre strony, przedstawiaj, co sam zrobisz, wskazuj możliwości przyłączenia się do realizacji projektu, staraj się, by rozmówca zaczął myśleć i mówić o nim pozytywnie.

Szczególnie my, Polacy, powinniśmy to ćwiczyć, bo mamy mocno rozwiniętą skłonność do narzekania i czarnowidztwa. Jakże często na pytanie: „Jak leci?", odpowiadamy: „Stara bieda", nawet jeśli powodzi nam się dobrze. Warto odejść od tego zwyczaju. Zacznijmy odpowiadać na przykład: „Dziękuję, całkiem dobrze". To znacznie lepszy wstęp do rozmowy o projektach i marzeniach. Ludzie chętniej będą słuchać kogoś, komu idzie „całkiem dobrze", niż człowieka, u którego jest „stara bieda".

Dlaczego mamy dzielić się wyobrażeniami? Między innymi dlatego, żeby znaleźć ewentualnych partnerów do realizacji przyszłych pomysłów, jednak przede wszystkim – dla samych siebie! Wzmacnianie wizji polega między innymi na głośnym wypowiadaniu i wielokrotnym powtarzaniu jej treści. To sygnał dla podświadomości, w jakim kierunku ma działać. Dawno już dowiedziono, że świat w swej istocie nie jest ani pozytywny, ani negatywny. To nasze myślenie o rzeczywistości nadaje mu jeden lub drugi z tych atrybutów. Żeby pozytywnie działać, musimy pozytywnie myśleć. I stale to wzmacniać.

5. Zaprzestań odkładania na później.

Odkładanie na później jest kuszące, ale często przekształca się w „kiedyś", o którego negatywnym oddziaływaniu już pisałem. Przysłowie takie „kiedyś" nazywa ładnie: „na świętego Nigdy".

Co zrobić, by poradzić sobie z pokusą odłożenia jakiegoś zajęcia?

Każdą czynność, nawet taką (a może zwłaszcza taką), która nie jest terminowa, uczyń terminową, czyli określ dokładną datę, kiedy ją wykonasz. Zapisz i trzymaj się tego. Zazwyczaj dotrzymujesz zobowiązań podjętych wobec innych. Czy jest jakiś powód, żebyś nie dotrzymywał tych, które będą dotyczyć ciebie? Ważne:

trzeba postarać się, by nie ulegać usprawiedliwieniom, które podsunie nam mózg, takim jak: „Jestem zmęczony...", „Dziś już tyle zrobiłem...", „Nie mogłem dziś, naprawdę, zrobię jutro, na pewno...". Zaprzestanie odkładania na później nie tylko rozwija zdolność do podejmowania inicjatywy, ale oszczędza czas, który będziesz mógł wykorzystać na swoje przyjemności. Prawda, że to niezła perspektywa?

Rozdział 5

Podsumowanie

Zatem wiemy już, że bez inicjatywy nie spełnimy swoich marzeń. Aby jednak inicjatywa była skuteczna, postaraj się spełnić kilka warunków: wytycz jasny cel, przedyskutuj pomysł, unikaj malkontentów, znajdź współrealizatorów, zaplanuj kolejne kroki i realizuj je, wymagaj od siebie więcej niż od innych i bądź wiarygodny.

Wiemy też, że podejmowanie inicjatyw można wyćwiczyć. Służy do tego pięciopunktowy trening inicjatywy:

1. Ćwicz wyobraźnię.
2. Jeśli wiesz, że coś i tak musisz zrobić, zrób to, zanim padnie polecenie.
3. Codziennie wykonaj jedną rzecz, której nikt od ciebie nie oczekuje.

4. Codziennie przynajmniej jednej osobie opowiedz o swoim marzeniu lub pomyśle.
5. Zaprzestań odkładania na później.

Zapewne wielu czytelników nie wierzy w skuteczność takich ćwiczeń. To oznacza, że w nasze życie wdarła się już rutyna. Dotychczasowe doświadczenia mocno wyżłobiły tory w mózgu i pierwszą reakcją na możliwość zmian jest protest. Coś nam podpowiada jak zawsze: „Nie warto...", „To nie może się udać...", „Gdyby to było takie proste, wszyscy byśmy byli ludźmi z inicjatywą!". Można to przezwyciężyć!

Wystarczy ten jeden raz dać się zachęcić do podjęcia inicjatywy i ustalić pierwszy cel, który utoruje drogę następnym. Niech tym celem będzie przejście pięciopunktowego treningu inicjatywy. Warto spróbować, niczym nie ryzykujemy.

Codziennie przez miesiąc realizujmy każdy spośród pięciu punktów treningu. Zacznijmy od prostych spraw, zajmujących naprawdę niewiele czasu. Może to być wyniesienie śmieci bez przypominania, zabawa z dzieckiem bez specjalnego zaproszenia, przestawienie biurka w lepsze miejsce, zorganizowanie katalogów w firmowej poczcie elektronicznej, ustalenie terminu uporządkowania latami zalegających zdjęć i temu podobne.

Zapewniam, że efekty nadejdą szybciej, niż się ich spodziewamy. Życie stanie się łatwiejsze i przyjemniejsze. Zaczną pojawiać się nowe pomysły – coraz lepsze, coraz śmielsze, aż być może dojdziemy do tych wizjonerskich, które okażą się przydatne dużej grupie ludzi.

Takie działanie będzie także najlepszą promocją nas samych. Zmiana postawy zwróci uwagę na nasze zawodowe umiejętności i zalety, które dotychczas nie były zauważane. Otoczenie doceni tę „nową osobę": wierzącą w siebie, kreatywną i pracowitą, życzliwą i sympatyczną. Dla takiego efektu naprawdę warto spróbować.

Jak pisał Johann Wolfgang Goethe: „Zacznij tylko. W zdecydowaniu drzemie geniusz, siła i magia. Zacznij teraz".

☼

Co możesz zapamiętać?

1. Inicjatywa to decyzja o podjęciu jakiegoś działania, wiara w sens i skuteczność podjętych kroków, a zatem taka postawa może być wynikiem jedynie wewnętrznego przekonania człowieka o słuszności tego, co zamierza zrobić.
2. Wykazuj się inicjatywą nie tylko w wyjątkowych sytuacjach, bądź taki na co dzień.
3. Nie szukaj wymówek, by usprawiedliwić swój brak inicjatywy – nawet kalectwo, choroba czy wiek nie muszą ci w tym przeszkadzać.
4. Pracuj nad sobą, wyobrażaj sobie efekty, jakie chcesz osiągnąć, inicjuj sytuacje, w których możesz zacząć działać, nie czekaj na zachętę, nie odkładaj nic na później, bądź systematyczny.

5. Ćwicząc swoją inicjatywę, zaczynaj od spraw prostych i stopniowo podnoś poprzeczkę.

Bibliografia

Albright M., Carr C., *Największe błędy menedżerów*, Warszawa 1997.
Allen B.D., Allen W.D., *Formuła 2+2. Skuteczny coaching*, Warszawa 2006.
Anderson Ch., *Za darmo: przyszłość najbardziej radykalnej z cen*, Kraków 2011.
Anthony R., *Pełna wiara w siebie*, Warszawa 2005.
Ariely D., *Zalety irracjonalności. Korzyści z postępowania wbrew logice w domu i pracy*, Wrocław 2010.
Bates W.H., *Naturalne leczenie wzroku bez okularów*, Katowice 2011.
Bettger F., *Jak umiejętnie sprzedawać i zwielokrotnić dochody*, Warszawa 1995.
Blanchard K., Johnson S., *Jednominutowy menedżer*, Konstancin-Jeziorna 1995.
Blanchard K., O'Connor M., *Zarządzanie poprzez wartości*, Warszawa 1998.
Bogacka A.W., *Zdrowie na talerzu*, Białystok 2008.
Bollier D., *Mierzyć wyżej. Historie 25 firm, które osiąg-

nęły sukces, łącząc skuteczne zarządzanie z realizacją misji społecznych, Warszawa 1999.

Bond W.J., *199 sytuacji, w których tracimy czas, i jak ich uniknąć*, Gdańsk 1995.

Bono E. de, *Dziecko w szkole kreatywnego myślenia*, Gliwice 2010.

Bono E. de, *Sześć kapeluszy myślowych*, Gliwice 2007.

Bono E. de, *Sześć ram myślowych*, Gliwice 2009.

Bono E. de, *Wodna logika. Wypłyń na szerokie wody kreatywności*, Gliwice 2011.

Bossidy L., Charan R., *Realizacja. Zasady wprowadzania planów w życie*, Warszawa 2003.

Branden N., *Sześć filarów poczucia własnej wartości*, Łódź 2010.

Branson R., *Zaryzykuj – zrób to! Lekcje życia*, Warszawa-Wesoła 2012.

Brothers J., Eagan E, *Pamięć doskonała w 10 dni*, Warszawa 2000.

Buckingham M., *To jedno, co powinieneś wiedzieć... o świetnym zarządzaniu, wybitnym przywództwie i trwałym sukcesie osobistym*, Warszawa 2006.

Buckingham M., *Wykorzystaj swoje silne strony. Użyj dźwigni swojego talentu*, Waszawa 2010

Buckingham M., Clifton D.O., *Teraz odkryj swoje silne strony*, Warszawa 2003.

Butler E., Pirie M., *Jak podwyższyć swój iloraz inteligencji?*, Gdańsk 1995.
Buzan T., *Mapy myśli*, Łódź 2008.
Buzan T., *Pamięć na zawołanie*, Łódź 1999.
Buzan T., *Podręcznik szybkiego czytania*, Łódź 2003.
Buzan T., *Potęga umysłu. Jak zyskać sprawność fizyczną i umysłową: związek umysłu i ciała*, Warszawa 2003.
Buzan T., Dottino T., Israel R., *Zwykli ludzie – liderzy. Jak maksymalnie wykorzystać kreatywność pracowników*, Warszawa 2008.
Carnegie D., *I ty możesz być liderem*, Warszawa 1995.
Carnegie D., *Jak przestać się martwić i zacząć żyć*, Warszawa 2011.
Carnegie D., *Jak zdobyć przyjaciół i zjednać sobie ludzi*, Warszawa 2011.
Carnegie D., *Po szczeblach słowa. Jak stać się doskonałym mówcą i rozmówcą*, Warszawa 2009.
Carnegie D., Crom M., Crom J.O., *Szkoła biznesu. O pozyskiwaniu klientów na zawsze*, Waszrszawa 2003
Cialdini R., *Wywieranie wpływu na ludzi*, Gdańsk 1998.
Clegg B., *Przyspieszony kurs rozwoju osobistego*, Warszawa 2002.
Cofer C.N., Appley M.H., *Motywacja: teoria i badania*, Warszawa 1972.

Cohen H., *Wszystko możesz wynegocjować. Jak osiągnąć to, co chcesz*, Warszawa 1997. r Covey S.R., 3. rozwiązanie, Poznań 2012.

Covey S.R., *7 nawyków skutecznego działania*, Poznań 2007.

Covey S.R., *8. nawyk*, Poznań 2006.

Covey S.R., Merrill A.R., Merrill R.R., *Najpierw rzeczy najważniejsze*, Warszawa 2007.

Craig M., *50 najlepszych (i najgorszych) interesów w historii biznesu*, Warszawa 2002.

Csikszentmihalyi M., *Przepływ: psychologia optymalnego doświadczenia*, Wrocław 2005

Davis R.C., Lindsmith B., *Ludzie renesansu: umysły, które ukształtowały erę nowożytną*, Poznań 2012

Davis R.D., Braun E.M., *Dar dysleksji. Dlaczego niektórzy zdolni ludzie nie umieją czytać i jak mogą się nauczyć*, Poznań 2001.

Dearlove D., *Biznes w stylu Richarda Bransona. 10 tajemnic twórcy megamarki*, Gdańsk 2009.

DeVos D., *Podstawy wolności. Wartości decydujące o sukcesie jednostek i społeczeństw*, Konstancin-Jeziorna 1998.

DeVos R.M., Conn Ch.P., *Uwierz! Credo człowieka czynu, współzałożyciela Amway Corporation, hołdującego zasadom, które uczyniły Amerykę wielką*, Warszawa 1994.

Dixit A.K., Nalebuff B.J., *Myślenie strategiczne. Jak zapewnić sobie przewagę w biznesie, polityce i życiu prywatnym*, Gliwice 2009.

Dixit A.K., Nalebuff B.J., *Sztuka strategii. Teoria gier w biznesie i życiu prywatnym*, Warszawa 2009.

Dobson J., *Jak budować poczucie wartości w swoim dziecku*, Lublin 1993.

Doskonalenie strategii (seria *Harvard Bussines Review*), praca zbiorowa, Gliwice 2006.

Dryden G., Vos J., *Rewolucja w uczeniu*, Poznań 2000.

Dyer W.W., *Kieruj swoim życiem*, Warszawa 2012.

Dyer W.W., *Pokochaj siebie*, Warszawa 2008.

Edelman R.C., Hiltabiddle T.R., Manz Ch.C., *Syndrom miłego człowieka*, Gliwice 2010.

Eichelberger W., Forthomme P., Nail F., *Quest. Twoja droga do sukcesu. Nie ma prostych recept na sukces, ale są recepty skuteczne*, Warszawa 2008.

Enkelmann N.B., *Biznes i motywacja*, Łódź 1997.

Eysenck H. i M., *Podpatrywanie umysłu. Dlaczego ludzie zachowują się tak, jak się zachowują?*, Gdańsk 1996.

Ferriss T., *4-godzinny tydzień pracy. Nie bądź płatnym niewolnikiem od 7.00 do 17.00*, Warszawa 2009.

Flexner J.T., Waschington. *Człowiek niezastąpiony*, Warszawa 1990.

Forward S., Frazier D., *Szantaż emocjonalny: jak obronić się przed manipulacją i wykorzystaniem*, Gdańsk 2011.

Frankl V.E., *Człowiek w poszukiwaniu sensu*, Warszawa 2009.

Fraser J.F., *Jak Ameryka pracuje*, Przemyśl 1910.

Freud Z., *Wstęp do psychoanalizy*, Warszawa 1994.

Fromm E., *Mieć czy być*, Poznań 2009.

Fromm E., *Niech się stanie człowiek. Z psychologii etyki*, Warszawa 2005.

Fromm E., *O sztuce miłości*, Poznań 2002.

Fromm E., *O sztuce słuchania. Terapeutyczne aspekty psychoanalizy*, Warszawa 2002.

Fromm E., *Serce człowieka. Jego niezwykła zdolność do dobra i zła*, Warszawa 2000.

Fromm E., *Ucieczka od wolności*, Warszawa 2001.

Fromm E., *Zerwać okowy iluzji*, Poznań 2000.

Galloway D., *Sztuka samodyscypliny*, Warszawa 1997.

Gardner H., *Inteligencje wielorakie – teoria w praktyce*, Poznań 2002.

Gawande A., *Potęga checklisty: jak opanować chaos i zyskać swobodę w działaniu*, Kraków 2012.

Gelb M.J., *Leonardo da Vinci odkodowany*, Poznań 2005.

Gelb M.J., Miller Caldicott S., *Myśleć jak Edison*, Poznań 2010.

Gelb M.J., *Myśleć jak geniusz*, Poznań 2004.

Gelb M.J., *Myśleć jak Leonardo da Vinci*, Poznań 2001.

Giblin L., *Umiejętność postępowania z innymi...*, Kraków 1993.

Girard J., Casemore R., *Pokonać drogę na szczyt*, Warszawa 1996.

Glass L., *Toksyczni ludzie*, Poznań 1998.

Godlewska M., *Jak pokonałam raka*, Białystok 2011.

Godwin M., *Kim jestem? 101 dróg do odkrycia siebie*, Warszawa 2001.

Goleman D., *Inteligencja emocjonalna*, Poznań 2002.

Gordon T., *Wychowywanie bez porażek szefów, liderów, przywódców*, Warszawa 1996.

Gorman T., *Droga do skutecznych działań. Motywacja*, Gliwice 2009.

Gorman T., *Droga do wzrostu zysków. Innowacja*, Gliwice 2009.

Greenberg H., Sweeney P., *Jak odnieść sukces i rozwinąć swój potencjał*, Warszawa 2007.

Habeler P., Steinbach K., *Celem jest szczyt*, Warszawa 2011.

Hamel G., Prahalad C.K., *Przewaga konkurencyjna jutra*, Warszawa 1999.

Hamlin S., *Jak mówić, żeby nas słuchali*, Poznań 2008.

Hill N., *Klucze do sukcesu*, Warszawa 1998.

Hill N., *Magiczna drabina do sukcesu*, Warszawa 2007.

Hill N., *Myśl!... i bogać się. Podręcznik człowieka interesu*, Warszawa 2012.

Hill N., *Początek wielkiej kariery*, Gliwice 2009.

Ingram D.B., Parks J.A., *Etyka dla żółtodziobów, czyli wszystko, co powinieneś wiedzieć o...*, Poznań 2003.

Jagiełło J., Zuziak W. [red.], *Człowiek wobec wartości*, Kraków 2006.

James W., *Pragmatyzm*, Warszawa 2009.

Jamruszkiewicz J., *Kurs szybkiego czytania*, Chorzów 2002.

Johnson S., *Tak czy nie. Jak podejmować dobre decyzje*, Konstancin-Jeziorna 1995.

Jones Ch., *Życie jest fascynujące*, Konstancin-Jeziorna 1993.

Kanter R.M., *Wiara w siebie. Jak zaczynają się i kończą dobre i złe passy*, Warszawa 2006.

Keller H., *Historia mojego życia*, Warszawa 1978.

Kirschner J., *Zwycięstwo bez walki. Strategie przeciw agresji*, Gliwice 2008.

Koch R., *Zasada 80/20. Lepsze efekty mniejszym nakładem sił i środków*, Konstancin--Jeziorna 1998.

Kopmeyer M.R., *Praktyczne metody osiągania sukcesu*, Warszawa 1994.

Ksenofont, *Cyrus Wielki. Sztuka zwyciężania*, Warszawa 2008.

Kuba A., Hausman J., *Dzieje samochodu*, Warszawa 1973.

Kumaniecki K., *Historia kultury starożytnej Grecji i Rzymu*, Warszawa 1964.

Lamont G., *Jak podnieść pewność siebie*, Łódź 2008.

Leigh A., Maynard M., *Lider doskonały*, Poznań 1999.

Littauer F., *Osobowość plus*, Warszawa 2007.

Loreau D., *Sztuka prostoty*, Warszawa 2009.
Lott L., Intner R., Mendenhall B., *Autoterapia dla każdego. Spróbuj w osiem tygodni zmienić swoje życie*, Warszawa 2006.
Maige Ch., Muller J.-L., *Walka z czasem. Atut strategiczny przedsiębiorstwa*, Warszawa 1995.
Mansfield P., *Jak być asertywnym*, Poznań 1994.
Martin R., *Niepokorny umysł. Poznaj klucz do myślenia zintegrowanego*, Gliwice 2009.
Maslow A., *Motywacja i osobowość*, Warszawa 2009.
Matusewicz Cz., *Wprowadzenie do psychologii*, Warszawa 2011.
Maxwell J.C., *21 cech skutecznego lidera*, Warszawa 2012.
Maxwell J.C., *Tworzyć liderów, czyli jak wprowadzać innych na drogę sukcesu*, Konstancin-Jeziorna 1997.
Maxwell J.C., *Wszyscy się komunikują, niewielu potrafi się porozumieć*, Warszawa 2011.
McCormack M.H., *O zarządzaniu*, Warszawa 1998.
McElroy K., *Jak inwestować w nieruchomości. Znajdź ukryte zyski, których większość inwestorów nie dostrzega*, Osielsko 2008.
McGee P., *Pewność siebie. Jak mała zmiana może zrobić wielką różnicę*, Gliwice 2011.
McGrath H., Edwards H., *Trudne osobowości. Jak radzić sobie ze szkodliwymi zachowaniami innych oraz własnymi*, Poznań 2010.

Mellody P., Miller A.W., Miller J.K., *Toksyczna miłość i jak się z niej wyzwolić*, Warszawa 2013.

Melody B., *Koniec współuzależnienia*, Poznań 2002.

Miller M., *Style myślenia*, Poznań 2000.

Mingotaud F., *Sprawny kierownik. Techniki osiągania sukcesów*, Warszawa 1994.

MJ DeMarco, *Fastlane milionera*, Katowice 2012.

Morgenstern J., *Jak być doskonale zorganizowanym*, Warszawa 2000.

Nay W.R., *Związek bez gniewu. Jak przerwać błędne koło kłótni, dąsów i cichych dni*, Warszawa 2011.

Nierenberg G.I., *Ekspert. Czy nim jesteś?*, Warszawa 2001.

Ogger G., *Geniusze i spekulanci, Jak rodził się kapitalizm*, Warszawa 1993.

Osho, *Księga zrozumienia. Własna droga do wolności*, Warszawa 2009.

Parkinson C.N., *Prawo pani Parkinson*, Warszawa 1970.

Peale N.V., *Entuzjazm zmienia wszystko. Jak stać się zwycięzcą*, Warszawa 1996.

Peale N.V., *Możesz, jeśli myślisz, że możesz*, Warszawa 2005.

Peale N.V., *Rozbudź w sobie twórczy potencjał*, Warszawa 1997.

Peale N.V., *Uwierz i zwyciężaj. Jak zaufać swoim myślom i poczuć pewność siebie*, Warszawa 1999.

Pietrasiński Z., *Psychologia sprawnego myślenia*, Warszawa 1959.
Pilikowski J., *Podróż w świat etyki*, Kraków 2010.
Pink D.H., *Drive*, Warszawa 2011.
Pirożyński M., *Kształcenie charakteru*, Poznań 1999.
Pismo Święte Starego i Nowego Testamentu. Biblia Tysiąclecia, Warszawa 2002.
Pismo Święte w Przekładzie Nowego Świata, 1997.
Popielski K., *Psychologia egzystencji. Wartości w życiu*, Lublin 2009.
Poznaj swoją osobowość, Bielsko-Biała 1996.
Przemieniecki J., *Psychologia jednostki. Odkoduj szyfr do swego umysłu*, Warszawa 2008.
Pszczołowski T., *Umiejętność przekonywania i dyskusji*, Gdańsk 1998.
Reiman T., *Potęga perswazyjnej komunikacji*, Gliwice 2011.
Robbins A., *Nasza moc bez granic. Skuteczna metoda osiągania życiowych sukcesów za pomocą NLP*, Konstancin-Jeziorna 2009.
Robbins A., *Obudź w sobie olbrzyma... i miej wpływ na całe swoje życie – od zaraz*, Poznań 2002.
Robbins A., *Olbrzymie kroki*, Warszawa 2001.
Robert M., *Nowe myślenie strategiczne: czyste i proste*, Warszawa 2006.
Robinson J.W., *Imperium wolności. Historia Amway Corporation*, Warszawa 1997.

Rose C., Nicholl M.J., *Ucz się szybciej, na miarę XXI wieku*, Warszawa 2003.

Rose N., *Winston Churchill. Życie pod prąd*, Warszawa 1996.

Rychter W., *Dzieje samochodu*, Warszawa 1962.

Ryżak Z., *Zarządzanie energią kluczem do sukcesu*, Warszawa 2008.

Savater F., *Etyka dla syna*, Warszawa 1996.

Schäfer B., *Droga do finansowej wolności. Pierwszy milion w ciągu siedmiu lat*, Warszawa 2011.

Schäfer B., *Zasady zwycięzców*, Warszawa 2007.

Scherman J.R., *Jak skończyć z odwlekaniem i działać skutecznie*, Warszawa 1995.

Schuller R.H., *Ciężkie czasy przemijają, bądź silny i przetrwaj je*, Warszawa 1996.

Schwalbe B., Schwalbe H., Zander E., *Rozwijanie osobowości. Jak zostać sprzedawcą doskonałym*, tom 2, Warszawa 1994.

Schwartz D.J., *Magia myślenia kategoriami sukcesu*, Konstancin-Jeziorna 1994.

Schwartz D.J., *Magia myślenia na wielką skalę. Jak zaprząc duszę i umysł do wielkich osiągnięć*, Warszawa 2008.

Scott S.K., *Notatnik milionera. Jak zwykli ludzie mogą osiągać niezwykłe sukcesy*, Warszawa 1997.

Sedlak K. [red.], *Jak poszukiwać i zjednywać najlepszych pracowników*, Kraków 1995.

Seiwert L.J., *Jak organizować czas*, Warszawa 1998.
Seligman M.E.P., *Co możesz zmienić, a czego nie możesz*, Poznań 1995.
Seligman M.E.P., *Pełnia życia*, Poznań 2011.
Seneka, *Myśli*, Kraków 1989.
Sewell C., Brown P.B., *Klient na całe życie, czyli jak przypadkowego klienta zmienić w wiernego entuzjastę naszych usług*, Warszawa 1992.
Słownik pisarzy antycznych, Warszawa 1982.
Smith A., *Umysł*, Warszawa 1989.
Spector R., *Amazon.com. Historia przedsiębiorstwa, które stworzyło nowy model biznesu*, Warszawa 2000.
Spence G., *Jak skutecznie przekonywać... wszędzie i każdego dnia*, Poznań 2001.
Sprenger R.K., *Zaufanie # 1*, Warszawa 2011.
Staff L., *Michał Anioł*, Warszawa 1990.
Stone D.C., *Podążaj za swymi marzeniami*, Konstancin-Jeziorna 1998.
Swiet J., *Kolumb*, Warszawa 1979.
Szurawski M., *Pamięć. Trening interaktywny*, Łódź 2004.
Szyszkowska M., *W poszukiwaniu sensu życia*, Warszawa 1997.
Tatarkiewicz W., *O szczęściu*, Warszawa 1979.
Tavris C., Aronson E., *Błądzą wszyscy (ale nie ja)*, Sopot--Warszawa 2008.

Tracy B., *Milionerzy z wyboru. 21 tajemnic sukcesu*, Warszawa 2002.

Tracy B., *Plan lotu. Prawdziwy sekret sukcesu*, Warszawa 2008.

Tracy B., Scheelen F.M., *Osobowość lidera*, Warszawa 2001.

Tracy B., *Sztuka zatrudniania najlepszych. 21 praktycznych i sprawdzonych technik do wykorzystania od zaraz*, Warszawa 2006.

Tracy B., *Turbostrategia. 21 skutecznych sposobów na przekształcenie firmy i szybkie zwiększenie zysków*, Warszawa 2004.

Tracy B., *Zarabiaj więcej i awansuj szybciej. 21 sposobów na przyspieszenie kariery*, Warszawa 2007.

Tracy B., *Zarządzanie czasem*, Warszawa 2008.

Tracy B., *Zjedz tę żabę. 21 metod podnoszenia wydajności w pracy i zwalczania skłonności do zwlekania*, Warszawa 2005.

Twentier J.D., *Sztuka chwalenia ludzi*, Warszawa 1998.

Urban H., *Moc pozytywnych słów*, Warszawa 2012.

Ury W., *Odchodząc od nie. Negocjowanie od konfrontacji do kooperacji*, Warszawa 2000.

Vitale J., Klucz do sekretu. *Przyciągnij do siebie wszystko, czego pragniesz*, Gliwice 2009.

Waitley D., *Być najlepszym*, Warszawa 1998.

Waitley D., *Imperium umysłu*, Konstancin-Jeziorna 1997.

Waitley D., *Podwójne zwycięstwo*, Warszawa 1996.
Waitley D., *Sukces zależy od właściwego momentu*, Warszawa 1997.
Waitley D., Tucker R.B., *Gra o sukces. Jak zwyciężać w twórczej rywalizacji*, Warszawa 1996.
Walton S., Huey J., *Sam Walton. Made in America*, Warszawa 1994.
Waterhouse J., Minors D., Waterhouse M., *Twój zegar biologiczny. Jak żyć z nim w zgodzie*, Warszawa 1993.
Wegscheider-Cruse S., *Poczucie własnej wartości. Jak pokochać siebie*, Gdańsk 2007.
Wilson P., *Idealna równowaga. Jak znaleźć czas i sposób na pełnię życia*, Warszawa 2010.
Ziglar Z., *Do zobaczenia na szczycie*, Warszawa 1995.
Ziglar Z., *Droga na szczyt*, Konstancin-Jeziorna 1995.
Ziglar Z., *Ponad szczytem*, Warszawa 1995.

O autorze

Andrzej Moszczyński od 30 lat aktywnie zajmuje się działalnością biznesową. Jego główną kompetencją jest tworzenie skutecznych strategii dla konkretnych obszarów biznesu.

W latach 90. zdobywał doświadczenie w branży reklamowej – był prezesem i założycielem dwóch spółek z o.o. Zatrudniał w nich ponad 40 osób. Spółki te były liderami w swoich branżach, głównie w reklamie zewnętrznej – tranzytowej (reklamy na tramwajach, autobusach i samochodach). W 2001 r. przejęciem pakietów kontrolnych w tych spółkach zainteresowały się dwie firmy: amerykańska spółka giełdowa działająca w ponad 30 krajach, skupiająca się na reklamie radiowej i reklamie zewnętrznej oraz największy w Europie fundusz inwestycyjny. W 2003 r. Andrzej sprzedał udziały w tych spółkach inwestorom strategicznym.

W latach 2005-2015 był prezesem i założycielem spółki, która zajmowała się kompleksową komercjalizacją liderów rynku deweloperskiego (firma w sumie sprzedała ponad 1000 mieszkań oraz 350 apartamentów hotelowych w systemie condo).

W latach 2009-2018 był akcjonariuszem strategicznym oraz przewodniczącym rady nadzorczej fabryki urządzeń okrętowych Expom SA. Spółka ta zasięgiem działania obejmuje cały świat, dostarczając urządzenia (w tym dźwigi i żurawie) dla branży morskiej. W 2018 r. sprzedał pakiet swoich akcji inwestorowi branżowemu.

W 2014 r. utworzył w USA spółkę LLC, która działa w branży wydawniczej. W ciągu 14 lat (poczynając od 2005 r.) napisał w sumie 22 kieszonkowe poradniki z dziedziny rozwoju kompetencji miękkich – obszaru, który ma między innymi znaczenie strategiczne dla budowania wartości niematerialnych i prawnych przedsiębiorstw. Poradniki napisane przez Andrzeja koncentrują się na przekazaniu wiedzy o wartościach i rozwoju osobowości – czynnikach odpowiedzialnych za prowadzenie dobrego życia, bycie spełnionym i szczęśliwym.

Andrzej zdobywał wiedzę z dziedziny budowania wartości firm oraz tworzenia skutecznych strategii przy udziale następujących instytucji: Ernst & Young, Gallup Institute, PricewaterhouseCoopers (PwC) oraz Harward Business Review. Jego kompetencje można przyrównać do pracy **stroiciela instrumentu.**

Kiedy miał 7 lat, mama zabrała go do szkoły muzycznej, aby sprawdzić, czy ma talent. Przeszedł test pozytywnie – okazało się, że może rozpocząć edukację muzyczną. Z różnych powodów to nie nastąpiło. Często jednak w jego książkach czy wykładach można usłyszeć bądź przeczytać przykłady związane ze światem muzyki.

Dlaczego można przyrównać jego kompetencje do pracy stroiciela na przykład fortepianu? Stroiciel udoskonala fortepian, aby jego dźwięk był idealny. Każdy fortepian ma swój określony potencjał mierzony jakością dźwięku – dźwięku, który urzeka i wprowadza ludzi w stan relaksu, a może nawet pozytywnego ukojenia. Podobnie jak stroiciel Andrzej udoskonala różne procesy – szczególnie te, które dotyczą relacji z innymi ludźmi. Wierzy, że ludzie posiadają mechanizm psychologiczny, który można symbolicznie przyrównać do **mentalnego żyroskopu** czy **mentalnego noktowizora**. Rola Andrzeja polega na naprawieniu bądź wprowadzeniu w ruch tych „urządzeń".

Żyroskop jest urządzeniem, które niezależnie od komplikacji pokazuje określony kierunek. Tego typu urządzenie wykorzystywane jest na statkach i w samolotach. Andrzej jest przekonany, że rozwijanie **koncentracji i wyobraźni** prowadzi do włączenia naszego mentalnego żyroskopu. Dzięki temu możemy między innymi znajdować skuteczne rozwiązania skomplikowanych wyzwań.

Noktowizor to wyjątkowe urządzenie, które umożliwia widzenie w ciemności. Jest wykorzystywane przez wojsko, służby wywiadowcze czy myśliwych. Życie Andrzeja ukierunkowane jest na badanie tematu źródeł wewnętrznej motywacji – siły skłaniającej do działania, do przejawiania inicjatywy, do podejmowania wyzwań, do wchodzenia w obszary zupełnie nieznane. Andrzej ma przekonanie, że rozwijanie **poczucia własnej wartości** prowadzi do włączenia naszego mentalnego noktowizora. Bez optymalnego poczucia własnej wartości życie jest ciężarem.

W swojej pracy Andrzej koncentruje się na procesach podnoszących jakość następujących obszarów: właściwe interpretowanie zdarzeń, wyciąganie wniosków z analizy porażek oraz sukcesów, formułowanie właściwych pytań, a także korzystanie z wyobraźni w taki sposób, aby przewidywać swoją przyszłość, co łączy się bezpośrednio z umiejętnością strategicznego myślenia. Umiejętności te pomagają rozumieć mechanizmy wywierania wpływu przez inne osoby i umożliwiają niepoddawanie się wszechobecnej indoktrynacji. Kiedy mentalny noktowizor działa poprawnie, przekazuje w odpowiednim czasie sygnały ostrzegające, że ktoś posługuje się manipulacją, aby osiągnąć swoje cele.

Andrzej posiada również doświadczenie jako prelegent, co związane jest z jego zaangażowaniem w działania społeczne. W ostatnich 30 latach był zapraszany do udziału w różnych szkoleniach i seminariach, zgromadzeniach czy kongresach – w sumie jako mówca wystąpił ponad 700 razy. Jego przemówienia i wykłady znane są z inspirujących przykładów i zachęcających pytań, które mobilizują słuchaczy do działania.

Opinie o książce

Małe dziecko przychodzi na świat bez instrukcji obsługi, o czym boleśnie przekonują się kolejne pokolenia młodych rodziców. A jednak mimo tej pozornej przeszkody ludzkość była i jest w stanie poradzić sobie z tym wyzwaniem. Jak? Młodzi rodzice szybko uczą się – głównie metodą prób i błędów – jak zaspokajać potrzeby swojego dziecka. Rodzicielstwo to ciekawa mieszanka zaufania do własnej intuicji, pomocy bliskich i odwołania do wiedzy ekspertów. To nie stały zestaw umiejętności, które ujawniają się w chwili narodzin dziecka, lecz raczej proces nabywania nowych umiejętności dostosowanych do potrzeb i rozwoju własnych pociech.

Nie inaczej jest w przypadku rozpoznania swoich talentów i wykorzystania ich w codziennym życiu. Nie są to zdolności, jakie nabywa się po przeczytaniu jednej książki lub uczestniczeniu w weekendowych warsztatach, lecz raczej droga, na którą się wchodzi świadomie i którą podąża przez resztę życia. Wybierając się w podróż, zwykle pakujemy ze sobą przewodnik i mapę, dlatego też podczas podróży do własnego wnętrza także warto sięgnąć po jakiś przewodnik. Seria książek autorstwa Andrzeja Moszczyńskiego jest właśnie takim przewodnikiem, zawierającym cenne podpowiedzi oraz techniki odkrywania i wykorzystywania swoich talentów. Autor nie stawia się w pozycji eksperta wiedzącego lepiej, co jest dla nas dobre, lecz raczej doradcy odwołującego się szeroko do filozofii, literatury, współczesnych technik doskonalenia osobowości i własnych doświadczeń. Zdecydowanymi mocnymi stronami tej serii są przykłady z życia ilustrujące prezentowane zagadnienia oraz bogata bibliografia służąca jako punkt do dalszych poszukiwań dla wszystkich zainteresowanych doskonaleniem osobowości. Uważam, że seria ta będzie pomocna dla każdego zainteresowanego świadomym życiem i rozwojem osobistym.

Ania Bogacka
Editorial Consultant and Life Coach

* * *

Na rynku książek wybór poradników jest ogromny, ale wśród tego ogromu istnieją jasne punkty, w oparciu o które można kierować swoim życiem tak, by osiągnąć spełnienie. Samorealizacja jest osiągana poprzez mądrość i świadomość. To samo sprawia, że książki Andrzeja Moszczyńskiego są tak użyteczne i podnoszące na duchu. Dzielenie się mądrością w formie przykładów wielu historycznych postaci oświetla drogę w tej kluczowej podróży. Każda z książek Andrzeja jest kompletna sama w sobie, jednak wszystkie razem stanowią zestaw narzędzi, przy pomocy których każdy z nas może ulepszyć umysł i serce, aby ostatecznie przyjąć proaktywną i współczującą postawę wobec życia. Jako osoba, która badała i edytowała wiele tekstów z filozofii i duchowości, mogę z entuzjazmem polecić tę książkę.

Lawrence E. Payne

Dodatek

Cytaty, które pomagały autorowi napisać tę książkę

Na temat rozwoju

Przeznaczeniem człowieka jest jego charakter.

Heraklit z Efezu

Osobowość kształtuje się nie poprzez piękne słowa, lecz pracą i własnym wysiłkiem.

Albert Einstein

Na temat nastawienia do życia

Jeśli jesteś nieszczęśliwy, to dlatego, że cały czas myślisz raczej o tym, czego nie masz, zamiast koncentrować się na tym, co masz w danej chwili.

Anthony de Mello

W końcu, bracia, wszystko, co jest prawdziwe, co godne, co sprawiedliwe, co czyste, co miłe, co zasługuje na uznanie: jeśli jest jakąś cnotą i czynem chwalebnym – to miejcie na myśli.

List do Filipian 4:8

Na temat szczęścia

Ludzie są na tyle szczęśliwi, na ile sobie pozwolą nimi być.

Abraham Lincoln

Więcej szczęścia jest w dawaniu aniżeli w braniu.

Dz 20:35

Na temat poczucia własnej wartości

Bez Twojego pozwolenia nikt nie może sprawić, że poczujesz się gorszy.

Eleanor Roosevelt

Na temat możliwości człowieka

Nie ma rzeczy niemożliwych, są tylko te trudniejsze do wykonania.

Henry Ford

Gdybyśmy robili wszystkie rzeczy, które jesteśmy w stanie zrobić, wprawilibyśmy się w ogromne zdumienie.

Thomas Edison

Na temat poznawania siebie

Najpierw sami tworzymy własne nawyki, potem nawyki tworzą nas.

John Dryden

Na temat wiary w siebie

Człowiek, który zyska i zachowa władzę nad sobą, dokona rzeczy największych i najtrudniejszych.

Johann Wolfgang von Goethe

Ludzie potrafią, gdy sądzą, że potrafią.

> Wergiliusz

Na temat wnikliwości

Prawdę należy mówić tylko temu, kto chce jej słuchać.

> Seneka Starszy

Język mądrych jest lekarstwem.

> Księga Przysłów 12:18

Na temat wytrwałości

Nic na świecie nie zastąpi wytrwałości. Nie zastąpi jej talent – nie ma nic powszechniejszego niż ludzie utalentowani, którzy nie odnoszą sukcesów. Nie uczyni niczego sam geniusz – nienagradzany geniusz to już prawie przysłowie. Nie uczyni niczego też samo wykształcenie – świat jest pełen ludzi wykształconych, o których zapomniano. Tylko wytrwałość i determinacja są wszechmocne.

John Calvin Coolidge

Możemy zrealizować każde zamierzenie, jeśli potrafimy trwać w nim wystarczająco długo.

Helen Keller

Tak samo, jak pojedynczy krok nie tworzy ścieżki na ziemi, tak pojedyncza myśl nie stworzy ścieżki w Twoim umyśle. Prawdziwa ścieżka powstaje, gdy chodzimy po niej wielokrotnie. Aby stworzyć głęboką ścieżkę mentalną, potrzebne jest wielokrotne powtarzanie myśli, które mają zdominować nasze życie.

Napoleon Bonaparte

Na temat entuzjazmu

Tylko przykład jest zaraźliwy.

                                          Lope de Vega

Na temat odwagi

Życie albo jest śmiałą przygodą, albo nie jest życiem. Nie lękać się zmian, a w obliczu kapryśności losu zachowywać hart ducha – oto siła nie do pokonania.

                                            Helen Keller

Silny jest ten, kto potrafi przezwyciężyć swe szkodliwe przyzwyczajenia.

                                     Benjamin Franklin

Życie jest przygodą dla odważnych albo niczym.

                                            Helen Keller

Na temat realizmu

Kto z was, chcąc zbudować wieżę, nie usiądzie wpierw i nie obliczy wydatków, czy ma na jej wykończenie.

Ew. Łukasza 14:28

Pesymista szuka przeciwności w każdej okazji, optymista widzi okazje w każdej przeciwności.

Winston Churchill

Dajcie mi odpowiednio długą dźwignię i wystarczająco mocną podporę, a sam poruszę cały glob.

Archimedes

OFERTA WYDAWNICZA
Andrew Moszczynski Group sp. z o.o.

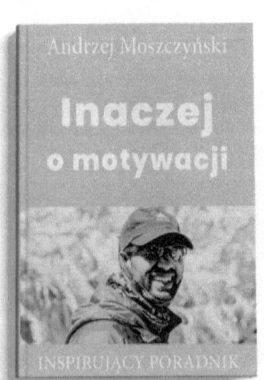
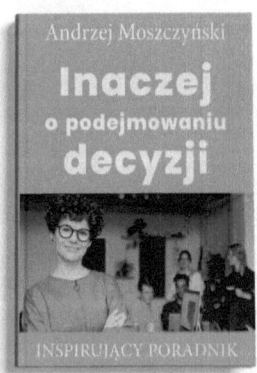

www.ingramcontent.com/pod-product-compliance
Lightning Source LLC
LaVergne TN
LVHW041626070526
838199LV00052B/3255